Christian Tielmann • Sabine Kraushaar

Ich bin stark!

Geschichten, die Mut machen

CARLSEN

Max

ist in seiner Familie der Kleinste, hat aber oft die größten Ideen. Und für alle Fälle hat er seine kleine Taschenlampe immer dabei.

Mama und Papa

sind die Eltern von Max und Felix.

Felix

ist der große Bruder von Max. Manchmal ärgert er Max. Aber wenns drauf ankommt, halten die Jungs zusammen.

Pauline

ist die beste Freundin von Max. Gemeinsam denken sie sich die tollsten Spiele aus.

Kuschel

ist das Lieblingskuscheltier von Max.

Ben und Lotta

sind Kita-Freunde von Max und Pauline. Am liebsten spielen alle zusammen Piraten oder Baustelle.

1 Max geht in den Kindergarten

2 Max geht zum Kinderarzt

3 Max lernt schwimmen

1

Max geht in den Kindergarten

Max freut sich auf das Ende der Sommerferien. Denn dann kommt er in den Kindergarten. Papa und Mama haben schon viele neue Sachen für Max besorgt: eine Brotdose und eine Trinkflasche mit einem Ritter drauf und neue Hausschuhe.

Außerdem bekommt Max einen tollen Rucksack. Der ist so groß, dass sogar Kuschel, sein Lieblingskuscheltier, reinpasst.
Felix bekommt auch etwas: einen nagelneuen Turnbeutel und ein Federmäppchen. Der große Bruder von Max geht nämlich schon in die Schule.

Endlich ist es so weit! Am Montag geht Felix wieder zur Schule. Mama muss ins Büro. Und Papa bringt Max zum Kindergarten. Auf dem Weg treffen sie Pauline, die beste Freundin von Max. Die beiden sind schon zusammen zur Tagesmutter gegangen. Im Kindergarten begrüßt sie eine nette Frau: „Ihr seid bestimmt Max und Pauline“, sagt sie. „Ich bin Rosi, eure Erzieherin. Herzlich willkommen!“ Max’ Papa und Paulines Mama kommen heute auch noch mit rein.

Kindergarten

„Hier könnt ihr eure Jacken hinhängen und die Hausschuhe anziehen", sagt Rosi in der Garderobe. Über jedem Kleiderhaken ist ein Bild von einem Tier. Max bekommt sein Lieblingstier: ein Kaninchen! Pauline hat eine Schnecke.
„Das ist aber eine Renn-Schnecke", sagt Pauline und zieht sich blitzschnell die Hausschuhe an.

„Überall im Kindergarten, wo das Kaninchen drauf ist, sind deine Sachen, Max“, erklärt Rosi. „Und da, wo die Schnecke drauf ist, sind deine Sachen, Pauline. Bei den Handtüchern und Zahnbürsten und auch bei eurem Eigentumsfach.“
„Was ist denn ein Eigentumsfach?“, fragt Max.
„Kommt mal mit“, sagt Rosi.

Im Gruppenraum zeigt Rosi den beiden ein Regal mit bunten Holzkisten. Jedes Kindergartenkind hat hier ein Fach. „Da könnt ihr die Sachen reintun, die ihr gebastelt habt und mit nach Hause nehmen möchtet“, erklärt Rosi. „Ihr habt bestimmt noch Frühstücks-Hunger, oder?“

„Na klar!“ Max und Pauline nehmen ihre nagelneuen Brotdosen mit an den Tisch. Die Stühle im Kindergarten sind so niedrig, dass man gar nicht draufklettern muss.
„Coole Brotdose“, sagt ein großer Junge, als Max sich neben ihn setzt. „Ich bin Ben. Und ich werde mal Ritter.“
Max und Pauline essen ihre Brote. Papa und Paulines Mutter gucken zu. „Ihr könnt auch gehen!“, sagt Max. „Genau“, schmatzt Pauline. „Super“, sagt Papa. „Mama holt dich nach dem Mittagessen wieder ab.“ „Tschüss“, sagt Max und gibt Papa einen Abschiedskuss. Und dann will er von Ben wissen, wie man Ritter wird.

Nach dem Frühstück ruft Rosi alle Kindergartenkinder zum Sitzkreis zusammen. „Heute gibt es etwas Besonderes", sagt sie. „Wir haben zwei neue Kinder: Max und Pauline!"
„Max hat eine Ritter-Brotdose!", ruft Ben dazwischen.
„Cool!", sagt ein anderer großer Junge.
Dann sagen alle Kinder ihre Namen, damit Max und Pauline auch wissen, wie die anderen heißen. Außerdem gibt es noch einen Erzieher: Christoph. Aber so viele Namen kann sich Max nicht auf einmal merken.
„Die lernst du ganz schnell!", sagt Rosi.
Zum Schluss singen alle zusammen ein lustiges Morgenlied.
„Sitzkreis ist cool!", flüstert Max Pauline zu.
„Supercool!", flüstert Pauline zurück.

Nach dem Sitzkreis will Ben mit Max und Pauline auf dem Hof Ritter spielen. Aber die Burg wird von Emma besetzt. Ben macht ein Riesengeschrei. Emma auch.
„Was ist denn das Problem?“, fragt Rosi.
„Emma lässt uns nicht auf die Burg“, beschwert sich Ben.
„Das ist unser Schloss und wir waren zuerst da“, sagt Emma.
„Könnt ihr nicht alle zusammen spielen?“, fragt Rosi.
„Wir könnten doch die Burg bewachen“, schlägt Max vor.

„Ja, und wir schmeißen Pech und Schwefel aus der Burg, wenn Feinde kommen“, sagt Pauline.
Emma nickt begeistert. „Ich hole einen Eimer.“
Auch Ben und die anderen Kinder finden die Ideen super.

Zum Mittagessen rufen die Erzieher die Kinder nach drinnen.
Alle wünschen sich einen guten Appetit.
„Bei uns darf immer der oder die Jüngste anfangen“,
sagt Rosi und schiebt die Schüssel mit den Nudeln
rüber zu Max und Pauline. Max lacht.
„Aber wir haben am selben Tag Geburtstag!“
Da bringt der Koch eine zweite Schöpfkelle
und steckt sie in die Nudelschüssel.
„Dann dürft ihr auch beide zuerst nehmen.“

Nach dem Essen gibt Christoph Max und Pauline zwei Zahnbürsten. „Neue Zahnbürsten besorgen immer wir“, erklärt der Erzieher freundlich. Max und Pauline putzen sich die Zähne. Dann merkt Max, dass er mal Pipi muss. Und zwar ziemlich dringend. „Die Klos sind hier!“, sagt Christoph. Die niedrigen Klos im Kindergarten findet Max prima. Da baumeln seine Beine gar nicht, wenn er draufsitzt.

„So eins möchte ich auch zu Hause haben“, sagt Max. Christoph lacht. „Das wäre für dich praktisch. Aber für deine Eltern wäre es verflixt unbequem, oder?“

Vor der Mittagspause können Max und Pauline noch ein bisschen drinnen spielen. Max malt eine riesige Ritterburg. Mit vielen blauen Zick-zack-krickel-krackel-Zacken.

Er ist gerade fertig, als Rosi zur Mittagspause ruft. Max legt das Bild schnell in sein Fach mit dem Kaninchen drauf.

In der Mittagspause legen sich alle Kinder auf die Matratzen im Ruheraum. Christoph liest eine Geschichte vor. Max gähnt und nimmt Kuschel fest in den Arm.

„Es war einmal eine zitronengelbe Prinzessin“, liest Christoph. Aber mehr hört Max nicht. Denn da ist er schon eingeschlafen.

„Max, aufwachen!“
Max reibt sich die Augen. Er weiß zuerst gar nicht, wo er ist. Aber dann fällt ihm alles wieder ein: Er ist im Kindergarten. Neben ihm sitzt Mama.
„Komm, wir gehen nach Hause, mein großer Junge!“, sagt sie.
„Kommt nicht infrage“, sagt Max. „Ich muss dir doch erst noch den Kindergarten zeigen!“

Damit ist Mama einverstanden. Max zeigt ihr sein Handtuch und seine Zahnbürste, sein Eigentumsfach mit dem Bild, seinen Kleiderhaken, den Maltisch, den Toberaum, die Kuschelecke und natürlich die große Ritterburg im Hof.

Bald ist Max so gut im Kindergarten eingewöhnt, dass er die Wochenenden gar nicht mehr so super findet. Denn am Samstag und am Sonntag ist der Kindergarten geschlossen. Aber an einem Wochenende im Herbst macht der ganze Kindergarten einen Ausflug. Max, Pauline und Ben fahren mit den anderen Kindern und ihren Eltern in den Wald. Rosi und Christoph haben eine Schatzsuche vorbereitet. Die Kinder suchen Wollfäden und Pfeile im Wald. Denn diese Zeichen führen zum Schatz. Plötzlich biegt der Weg um eine Ecke. Und vor ihnen liegt …

… eine echte Ritterburg!

Im Burghof stehen Prinzessin Rosi und Ritter Christoph.
„Unseren Schatz werdet ihr niemals finden!“, sagt Christoph.
Aber Max hat den Schatz schon entdeckt: eine Kiste voll Süßigkeiten!
„Supercool!“, rufen Max und Pauline und verteilen die Beute an alle.

Ende

2

Max geht zum Kinderarzt

Am Montagmorgen bleibt Max im Bett liegen. Sein großer Bruder Felix ist schon zur Schule gegangen. Mama ist zur Arbeit gefahren. Aber Max ist total schlapp.

„Hast du Faulfieber?“, fragt Papa.
„Jetzt steh endlich auf!“
Er fühlt Max’ Stirn. „Oder bist du echt krank?“
Max hustet. Papa holt das Fieberthermometer.
„Entschuldige, Max“, sagt Papa, als das Thermometer piept. „Das ist kein Faulfieber. Du hast echtes Fieber. Heute gehst du nicht in den Kindergarten.“
Papa ruft im Kindergarten an und sagt, dass Max krank ist. Dann ruft er in seinem Büro an und sagt, dass er heute nicht kommen kann.
Max hustet und schläft weiter.
Er träumt von Faultieren, die Fieber haben.

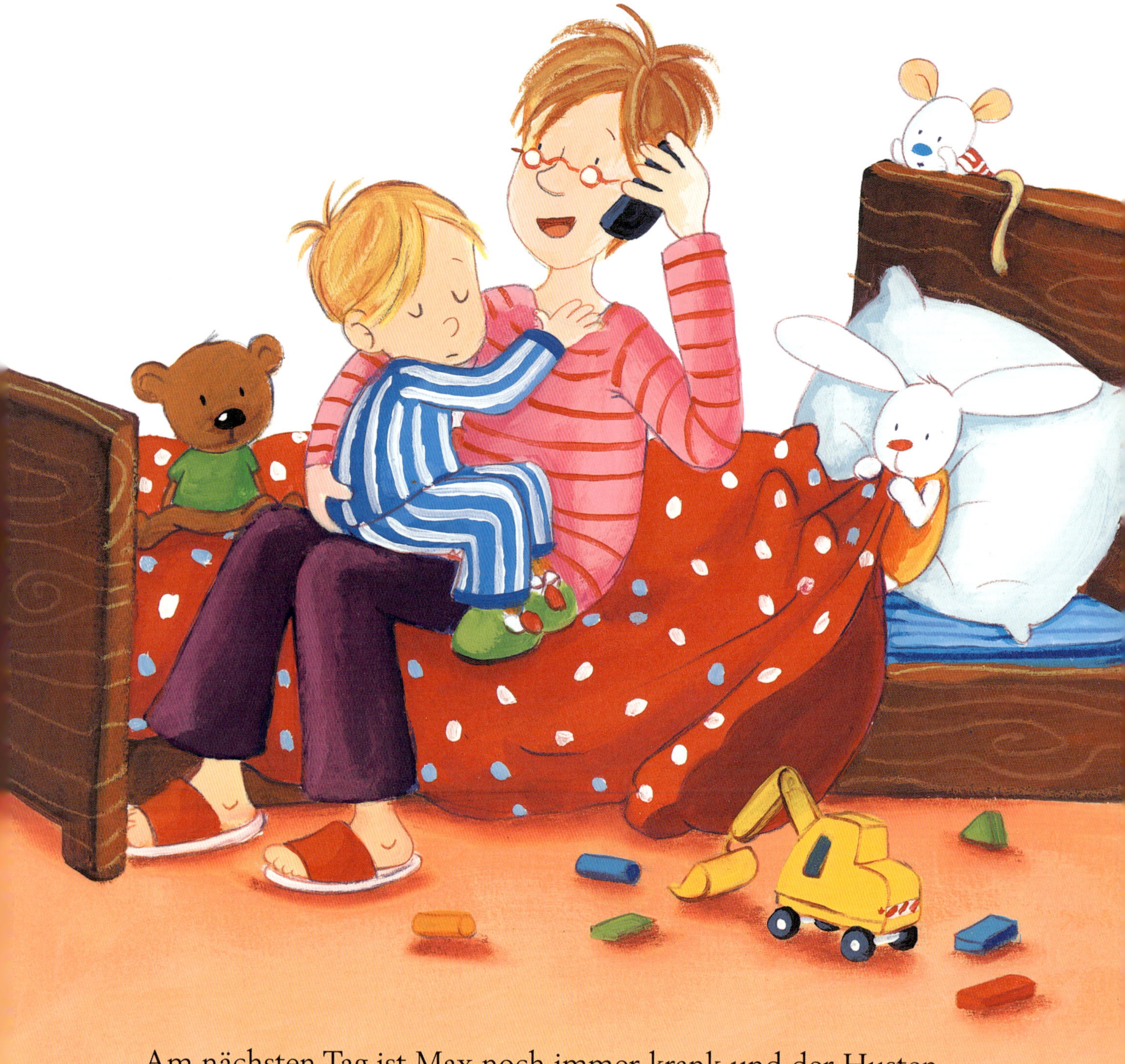

Am nächsten Tag ist Max noch immer krank und der Husten wird auch nicht besser. Mama und Papa bleiben abwechselnd zu Hause. Heute ist Papa mit Arbeiten dran und Mama bleibt bei Max.

Weil Max so stark hustet, ruft Mama beim Kinderarzt an.

„Wir gehen gleich zu Doktor Fröhlich“, sagt Mama. Sie hilft Max beim Anziehen, obwohl er das normalerweise natürlich schon alleine kann.

In der Arztpraxis gibt Mama der Arzthelferin die Versicherungskarte von Max. „Du musst noch ein bisschen warten, Max“, sagt sie. „Aber es geht heute bestimmt schnell.“

Im Wartezimmer von Doktor Fröhlich war Max schon oft. Hier gibt es eine schöne Tafel zum Malen und ein Piratenschiff zum Klettern. Aber heute will Max lieber auf Mamas Schoß sitzen. Sie liest ihm ein Buch vor.

„Hallo Max, wie gehts?“, fragt Doktor Fröhlich.
„Schlecht“, sagt Max. „Erst hatte ich Faulfieber. Jetzt habe ich echtes Fieber.“
Mama erzählt dem Arzt, dass Max seit zwei Tagen hustet und Fieber hat. Doktor Fröhlich kann nicht in Max’ Körper reinkriechen und nachgucken, welche Krankheit Max hat. Aber er kann die Krankheit trotzdem sehen, fühlen und hören.

Als Erstes fühlt er die Krankheit: Am Hals hat Max kleine Knubbel. Das sind seine Lymphknoten, die sind geschwollen. Das ist aber nicht schlimm. Es ist ein Zeichen dafür, dass Max krank ist. Denn in den Lymphknoten werden die Krankheitserreger bekämpft.

Doktor Fröhlich kann auch in Max’ Körper hineinhören. Dazu hat er sein Hörrohr, das Stethoskop. Er legt das eine Ende auf Max’ Rücken und horcht genau.
„Tief ein- und ausatmen, bitte!“, sagt Doktor Fröhlich. Max atmet ganz viel Luft ein und muss direkt husten. Doktor Fröhlich horcht an verschiedenen Stellen am Rücken, ob die Lunge von Max gesund ist.
„Deine Lunge ist tipptopp, Max“, sagt der Arzt. Er horcht auch noch an der Brust, ob Max’ Herz richtig schlägt. Das tut es.

Zum Schluss guckt Doktor Fröhlich Max noch ganz genau an. Max soll ihm die Zunge rausstrecken.
„Das darf man aber nicht", sagt Max.
„Bei mir schon", sagt Doktor Fröhlich. Also streckt Max ihm die Zunge raus. Dann soll er auch noch „Ah" sagen. Doktor Fröhlich leuchtet dabei mit einer Lampe in Max' Hals.
Danach schaut er ihm mit einer Speziallampe in die Ohren.
Das ist ein bisschen kalt und kitzelig, findet Max. Schließlich guckt der Arzt Max sogar hinter die Ohren!

„Ich hab mich aber gewaschen“, sagt Max. Doktor Fröhlich lacht. „Ich gucke nur nach roten Pünktchen, nicht nach Dreck. Hast du aber beides nicht.“

„Du hast eine dicke Erkältung, Max“, sagt der Arzt. Weil Max nachts so viel hustet und schlecht schläft, verschreibt Doktor Fröhlich ihm Nasentropfen.
„Nasentropfen? Ich hab doch Husten!“, sagt Max.
„Mit den Nasentropfen kannst du nachts besser atmen“, erklärt Doktor Fröhlich. „Dann kannst du auch wieder besser schlafen und wirst von allein wieder gesund. Aber du musst viel trinken.“

Doktor Fröhlich begleitet Max noch aus dem Sprechzimmer. Im Flur geht eine Arzthelferin mit einem Glas in der Hand an ihnen vorbei und verschwindet in einem Zimmer. An der Tür steht „Labor“. „Was macht sie denn mit dem Apfelsaft?“, fragt Max. Der Arzt grinst. „Das ist kein Apfelsaft. Das ist Pipi von einem anderen Kind.“

„Wenn ich genauer wissen muss, welche Krankheit ein Kind hat, kann ich sein Blut oder Pipi untersuchen. Dazu habe ich das Labor.“
Max entdeckt das Mikroskop.
„So eins wünsch ich mir zu Weihnachten, Mama!“
Doktor Fröhlich schenkt Max zum Abschied eine kleine Lupe.
„Das ist zwar kein Mikroskop, aber besser als nichts, oder?“
„Danke!“, sagt Max.

„Wir holen deine Nasentropfen gleich aus der Apotheke“, sagt Mama.
In der Apotheke gibt es viele Schränke mit extralangen Schubladen.
So lange Schubladen könnte er für sein Spielzeug auch gut gebrauchen, überlegt Max.
Mama gibt der Apothekerin das Rezept von Doktor Fröhlich.
Die Apothekerin holt die Nasentropfen aus einem Schrank.
Mama bezahlt die Tropfen und die Apothekerin schenkt Max eine kleine Packung mit Hustenbonbons.

Zu Hause legt sich Max direkt wieder ins Bett. Er schläft und schläft und schläft. Mit den Nasentropfen sind die Nächte tatsächlich besser.

Heute kann Max zum ersten Mal wieder aufstehen.
„Komm, wir spielen Arzt", sagt Felix. „Zorro hätte eine voll fiese Krankheit und wir müssten ihn untersuchen und retten."
Aber als Felix mit der großen Spielzeug-Spritze kommt, hoppelt das Kaninchen ängstlich weg. Und auch Max ist dieses Spiel zu wild. Er nimmt Zorro lieber auf den Arm und streichelt ihn.
„Du kannst seine Kötel mit meiner Lupe untersuchen", schlägt Max seinem großen Bruder vor. „Vielleicht entdeckst du ja ein paar voll fiese Krankheitserreger."

Am Montag ist Max endlich wieder putzmunter. „Papa, hast du Faulfieber, oder was?“, ruft er schon um sechs Uhr.
„Aufstehen! Sonst kommen wir zu spät in den Kindergarten!“
„Wie schön, dass du wieder gesund bist, Max.“ Papa gähnt.

Auch die Erzieherin im Kindergarten freut sich, dass Max wieder da ist. Aber Max' allerbeste Freundin Pauline fehlt! „Ist die etwa krank?", fragt Max.

Doch da kommen Pauline und ihre Mutter gerade angerannt. Pauline ist nicht krank. „Ich konnte heute Morgen nur nicht so früh aufstehen“, gibt sie zu.
„Dann hattest du wohl Faulfieber“, sagt Max.
„Hoffentlich ist das nicht ansteckend“, murmelt Max’ Papa.

Ende

3

Max lernt schwimmen

Max' allerbeste Freundin Pauline hat das Seepferdchen gemacht.
Ganz allein und ohne Max. Das findet Max ein bisschen unfair.
Denn er kann auch schon schwimmen – jedenfalls fast.
„Du wirst das Seepferdchen niemals schaffen", sagt Felix,
der große Bruder von Max.

„Du bist nämlich keine Wasserratte, sondern nur eine Landratte."
Felix hat sogar schon das Schwimmabzeichen in Bronze auf seiner Badehose.

„Ich lerne schneller schwimmen, als du denkst!", ruft Max wütend.

Zum Glück hat Max' Mama gerade Urlaub.
„Wir gehen einfach jeden Tag ins Schwimmbad und üben schwimmen“, hat sie Max vorgeschlagen.

Das Schwimmbad findet Max super. Schon am Eingang riecht es so schön nach Chlorwasser. Mama kauft an der Kasse eine Zehnerkarte. Die Frau gibt Mama ein Armband mit einem eingebauten Schlüsselchip.
„Willst du auch schon einen eigenen Schrank?“, fragt sie Max.
„Na klar!“, sagt Max und bekommt auch so ein Schlüsselarmband.

„Muss ich mich bei den Jungs umziehen?“, fragt Max vor den Umkleidekabinen. In die Jungsumkleide traut er sich eigentlich nur, wenn er zusammen mit Felix oder Papa ins Schwimmbad geht.
„Quatsch, wir beide sind doch eine Familie“, sagt Mama und schiebt Max in eine große Kabine für Familien.
Dort ziehen sie sich aus und schnappen sich ihre Badesachen. Max schlüpft in seine Badelatschen. Mama nimmt das Duschzeug und ihren roten Badeanzug aus der Tasche. Dann hält Mama das Armband mit dem Chip vor einen Schrank. Die Tür springt auf und sie verstaut ihre Kleider in dem Schrank. Max stopft seine Kleider und Schuhe in den Schrank daneben.

„Ich geh schon mal ins Wasser!“, sagt Max.
„Nichts da!“, ruft seine Mutter. „Zuerst wird geduscht!“
Nach dem Duschen pustet Mama die Schwimmflügel auf. Dann gehen sie endlich in die Schwimmhalle. Max springt direkt ins Nichtschwimmerbecken.
„Eigentlich kannst du schon fast schwimmen, Max“, sagt seine Mutter. Sie zeigt ihm noch einmal, wie er die Beine und wie er die Arme bewegen soll. Das kann Max wirklich schon.

„Guck mal, wie mutig der Junge ist, Robin!“, sagt ein Vater zu einem Jungen, der ängstlich am Beckenrand sitzt.
„Aber das ist viel zu viel Wasser!“, schluchzt Robin.
„Ach was, komm rein!“, ruft Max. „Hier kann sogar ich stehen! Und ich bin auch nur eine Landratte und keine Wasserratte!“
Da traut sich auch Robin ganz vorsichtig ins Wasser.

„Du musst nur noch richtig ein- und ausatmen üben“, sagt Mama.
„Ich halte dich unter dem Bauch fest, damit du kein Wasser schluckst.“
Max muss immer dann einatmen, wenn Mama „Luft rein!“ sagt,
und er soll immer dann ausatmen, wenn Mama „Luft raus!“ sagt.
Schließlich probiert es Max ohne Mamas Hand. Und er schafft eine
kurze Strecke schon ganz allein

„Hallo Jungs! Ich hab euch was mitgebracht!“, sagt Papa, als er am Abend nach Hause kommt. Max und Felix packen zwei aufblasbare Schwimmtiere aus. Mama und Papa müssen beim Aufpusten helfen. Felix hat einen Dinosaurier bekommen und Max einen Hai.
„Schade, dass wir die nicht mit ins Schwimmbad nehmen dürfen“, sagt Max.
„Doch! Das dürft ihr!“, sagt Papa. „Am Samstag ist doch großer Spaßschwimmtag!“

Max und Felix jubeln. „Da müssen wir hin!“

Am Samstag gehen Max und Pauline mit Felix und den Eltern zum Spaßschwimmtag.
„Das müsste eigentlich Spaßtag heißen“, sagt Max, als sie die Schwimmhalle betreten.

Denn zum Schwimmen ist im Nichtschwimmerbecken kein Platz mehr. Aber zum Rumtoben mit dem neuen Hai reicht der Platz zum Glück auch so.

Max übt in der nächsten Woche jeden Tag mit Mama schwimmen. Und am Ende der Woche hat er den Trick mit dem Ein- und Ausatmen endlich raus! Mama schwimmt neben ihm, als sie das erste Mal durch das tiefe Wasser schwimmen.
Max schafft eine ganze Bahn ohne Schwimmflügel und ohne Hilfe!
„Herzlichen Glückwunsch!“, sagt der Schwimmmeister. „Ich hab dich schon die ganze Woche beobachtet. Du hast ja irre schnell schwimmen gelernt!“

„Krieg ich jetzt das Seepferdchen?“, fragt Max.
Der Schwimmmeister schüttelt den Kopf.

„Noch nicht ganz“, sagt er. „Den schwierigsten Teil hast du aber schon geschafft: eine Bahn schwimmen. Aber traust du dich auch, vom Beckenrand ins Wasser zu springen?“

Das ist für Max keine Frage. Ins Becken zu springen, das ist doch das Größte! Max klettert aus dem Wasser, springt rein, klettert wieder raus und springt wieder rein und klettert wieder raus und springt wieder rein, bis der Schwimmmeister ruft: „Danke, Max, das reicht!“

Jetzt muss Max noch nach einem Ring tauchen, den der Schwimmmeister ins Nichtschwimmerbecken wirft. „Juhu, tauchen!“, freut sich Max. Er hält die Luft an und fischt den Ring aus dem Wasser.

„Gut gemacht, Max!“, sagt der Schwimmmeister und überreicht Max das Seepferdchen-Abzeichen und eine Urkunde. „Kennst du denn auch die wichtigsten Baderegeln?“
„Na klar: Mit vollem Bauch darf man nicht ins Wasser!“, sagt Max wie aus der Pistole geschossen. Denn das hat ihm Mama schon hundertmal gesagt.
„Sehr gut!“, sagt der Schwimmmeister. „Zwei Stunden vor dem Schwimmen soll man nichts mehr essen. Weißt du noch eine andere Regel?“
Max überlegt. „Vor dem Schwimmen muss man duschen.“
Der Schwimmmeister nickt. „Richtig. Schließlich ist das Schwimmbad nicht für Dreckspatzen da, sondern für solche Wasserratten wie dich.“

„Jetzt bin ich auch eine Wasserratte!“, jubelt Max am Nachmittag. „Das hat der Schwimmmeister gesagt.“ Nun muss es sogar Felix zugeben.

Ende

Christian Tielmann

wurde 1971 in Wuppertal geboren und lebt heute mit seiner Familie in Detmold. Er studierte Philosophie und Germanistik in Freiburg und Hamburg. Seit 1999 schreibt er Bücher für Kinder, Jugendliche und Erwachsene, die mehrfach ausgezeichnet wurden.
Schon während seines Studiums hat er angefangen, sich Geschichten von Max auszudenken. Inzwischen sind über zwanzig Bücher über Max und seine allerbeste Freundin Pauline erschienen, die weltweit in einem Dutzend Sprachen gelesen und vorgelesen werden.

Sabine Kraushaar

wurde 1972 in Maastricht geboren und wollte von klein auf malen und zeichnen. Nach dem Studium an der Kunstakademie in Maastricht machte sie sich als freie Illustratorin selbstständig und hat seitdem viele schöne Kinderbücher veröffentlicht. Max und Pauline gehören inzwischen schon fast zu ihrer Familie. Und drei echte Kinder hat Sabine Kraushaar auch noch!

Mein Freund Max

Starke Alltagsgeschichten

ISBN 978-3-551-51976-4
€(D) 12,00 | €(A) 12,40

ISBN 978-3-551-51974-0
€(D) 12,00 | €(A) 12,40

ISBN 978-3-551-51977-1
€(D) 12,00 | €(A) 12,40

ISBN 978-3-551-51927-6
€(D) 12,00 | €(A) 12,40

ISBN 978-3-551-52323-5
€(D) 12,00 | €(A) 12,40

ISBN 978-3-551-51981-8
€(D) 12,00 | €(A) 12,40

ISBN 978-3-551-51980-1
€(D) 12,00 | €(A) 12,40

ISBN 978-3-551-51979-5
€(D) 12,00 | €(A) 12,40

ISBN 978-3-551-51982-5
€(D) 15,00 | €(A) 15,50

Wir produzieren nachhaltig
• Klimaneutrales Produkt
• Papiere aus nachhaltigen und kontrollierten Quellen
• Hergestellt in Europa

FSC www.fsc.org MIX Papier | Fördert gute Waldnutzung FSC® C002795

ISBN 978-3-551-52325-9
Umschlagillustration: Sabine Kraushaar
Lektorat: Anja Kunle
Lithografie: ReproTechnik Ronald Fromme, Hamburg

Dieser Titel enthält die Einzeltitel *Max geht in den Kindergarten*, *Max geht zum Kinderarzt* und *Max lernt schwimmen*

MAX-Bücher gibt es überall im Buchhandel und auf www.carlsen.de
CARLSEN-Newsletter: tolle Lesetipps kostenlos per E-Mail!